ANIMAUX GÉANTS

L'alligator

Stephanie Turnbull

Publié par Saunders Book Company,
27 Stewart Road, Collingwood, ON Canada L9Y 4M7

Un livre de Appleseed Editions

Imprimé aux États-Unis
par Corporate Graphics in North Mankato, Minnesota

Conçu par Hel James
Édité par Mary-Jane Wilkins
Traduit de l'anglais par Anne-Sophie Seidler

Catalogage avant publication de Bibliothèque et Archives Canada
 Turnbull, Stephanie
[Alligator. Français]
        L'alligator / Stephanie Turnbull.
(Animaux géants)
Comprend un index.
Traduction de : Alligator.
ISBN 978-1-77092-245-7 (relié)
        1. Alligators--Ouvrages pour la jeunesse. I. Titre. II. Titre :
Alligator. Français.
QL666.C925T8714 2014   j597.98'4   C2014-901941-6

Crédits photos
g = gauche, d = droite, h = haut, b = bas
page 1 Miroslav K/Shutterstock; 3 Hemera/Thinkstock;
4 Perry Correll; 5 Pamela McCreight; 6 Brian Lasenby; 7h choikh,
b RUDVI/tous Shutterstock; 8 iStockphoto; 9 Hemera/tous
Thinkstock; 10 chloe7992, 11 Bonnie Fink/tous Shutterstock;
12 Design Pics; 13, 14-15 iStockphoto/tous Thinkstock;
16, 17, 18 tous Heiko Kiera/Shutterstock; 19 Lars Christensen/
Shutterstock; 20 iStockphoto/Thinkstock; 21 Rudy Umans;
22h Alexia Khruscheva, b Eric Isselée/tous Shutterstock;
23g AbleStock.com, d altrendo nature/tous Thinkstock
Couverture Eric Isselée/Shutterstock

DAD0059Z
042014
9 8 7 6 5 4 3 2 1

Table des matières

Les alligators sont

gigantesques!

Un vrai colosse

L'alligator est un énorme reptile carnivore. Il est très lourd.

Sa queue est très grosse et puissante et ses mâchoires sont terrifiantes.

Des plaques dures et osseuses protègent son corps.

Les différentes espèces

La plupart des alligators vivent dans les lacs et les fleuves marécageux au sud-est de l'Amérique du Nord.

Certains alligators
vivent en Chine.
Ils sont bien
plus petits.

Les alligators ne sont pas
des crocodiles!
Chez le crocodile, on voit
les dents du bas lorsque
sa gueule est fermée.

Se prélasser

L'alligator adore la chaleur. Il passe des heures à se chauffer au soleil.

En hiver, il creuse des trous dans la boue. Ils se remplissent d'eau et forment ainsi des petites mares protégées.

Se déplacer

L'alligator peut marcher en se tenant haut sur ses pattes ou ramper sur son ventre...

... mais il est surtout fait pour **NAGER!**

Sa longue queue plate et ses pattes arrière palmées le propulsent dans l'eau.

Attaque!

L'alligator passe des heures caché
dans l'eau, aussi immobile qu'un bout
de bois, à observer et à attendre...

... et **soudain**, il se jette sur une proie avec la gueule grande ouverte.

SLURP!
Il engloutit un poisson tout entier.

CLAP! Il mord de gros animaux et les entraîne avec lui sous l'eau.

13

Des dents redoutables

L'alligator possède environ 80 dents pointues qui peuvent broyer des os en un clin d'œil.

Il enfonce ses dents dans sa proie, la fait tourner et la secoue violemment pour en arracher une bouchée.

Nid et œufs

La femelle alligator pond environ 35 œufs et les enterre dans le sol avec des feuilles pour les maintenir au chaud.

Les bébés alligators sortent de leur œuf au bout de neuf semaines environ.

Des bébés rayés

Les bébés alligators sont
noirs à rayures jaune vif.

Ils restent tout près de leur maman pour ne pas se faire manger par des animaux affamés tels que ratons laveurs, oiseaux ou même des alligators adultes!

Attention!

L'alligator aime rester seul. S'il se sent menacé, il peut attaquer en ouvrant grand ses mâchoires!

Parfois, il fait des
grrrrondements
sourds dans l'eau.
Il secoue son corps
et fait de la mousse et
des bulles autour de lui.

Infos GÉANTES

Un alligator américain adulte est plus long que toi et deux de tes amis couchés bout-à-bout.

Les plus gros alligators ont environ le même poids qu'un cheval de course.

Les alligators américains sont les plus gros reptiles d'Amérique du Nord.

L'alligator attaque parfois de gros animaux tels que le puma ou l'ours noir.

Mots utiles

colosse
Humain ou parfois animal de grande taille et donnant une impression de force extraordinaire.

proie
Animal qui est chassé par un autre animal.

reptile
Animal à écailles qui pond des œufs. L'alligator, le crocodile, le serpent et le lézard sont tous des reptiles.

se prélasser
Être installé confortablement dans une pose paresseuse.

Index